ESTE LIVRO PERTENCE A:

_____

EXPEDIENTE

Fundador	**Italo Amadio** *(in memoriam)*
Diretora Editoral	**Katia F. Amadio**
Editor	**Eduardo Starke**
Textos	**Raquel Almeida**
Ilustrações	**Léo Fanelli**
Projeto gráfico	**Rui Stüpp**
Revisão	**Patrícia Harumi**

```
Dados Internacionais de Catalogação na Publicação (CIP)
                Angélica Ilacqua CRB-8/7057

Almeida, Raquel
   Orações para meninas, orações para meninos / Raquel Almeida ;
ilustrações de Leonardo Fanelli. -- São Paulo : Rideel, 2022.
   (Coleção Orações)

ISBN 978-65-5738-648-4 (meninas)
ISBN 978-65-5738-647-7 (meninos)

1. Orações - Literatura infantojuvenil I. Título II. Fanelli,
Leonardo III. Série
                                                    CDD 242.62
22-2326                                             CDU 243
```

Índices para catálogo sistemático:

1. Orações - Literatura infantojuvenil

© Todos os direitos reservados à

EDITORA RIDEEL — **BICHO ESPERTO**

Av. Casa Verde, 455 – Casa Verde
CEP 02519-000 – São Paulo – SP
e-mail: sac@rideel.com.br
www.editorarideel.com.br

Proibida a reprodução total ou parcial desta obra, por qualquer meio ou processo, especialmente gráfico, fotográfico, fonográfico, videográfico, internet. Essas proibições aplicam-se também às características de editoração da obra. A violação dos direitos autorais é punível como crime (art. 184 e parágrafos, do Código Penal), com pena de prisão e multa, conjuntamente com busca e apreensão e indenizações diversas (artigos 102, 103, parágrafo único, 104, 105, 106 e 107, incisos I, II e III, da Lei nº 9.610, de 19-2-1998, Lei dos Direitos Autorais).

ABDR – EDITORA AFILIADA

RAQUEL ALMEIDA

Orações para Meninas

ILUSTRAÇÕES:
LEONARDO FANELLI

BICHO ESPERTO

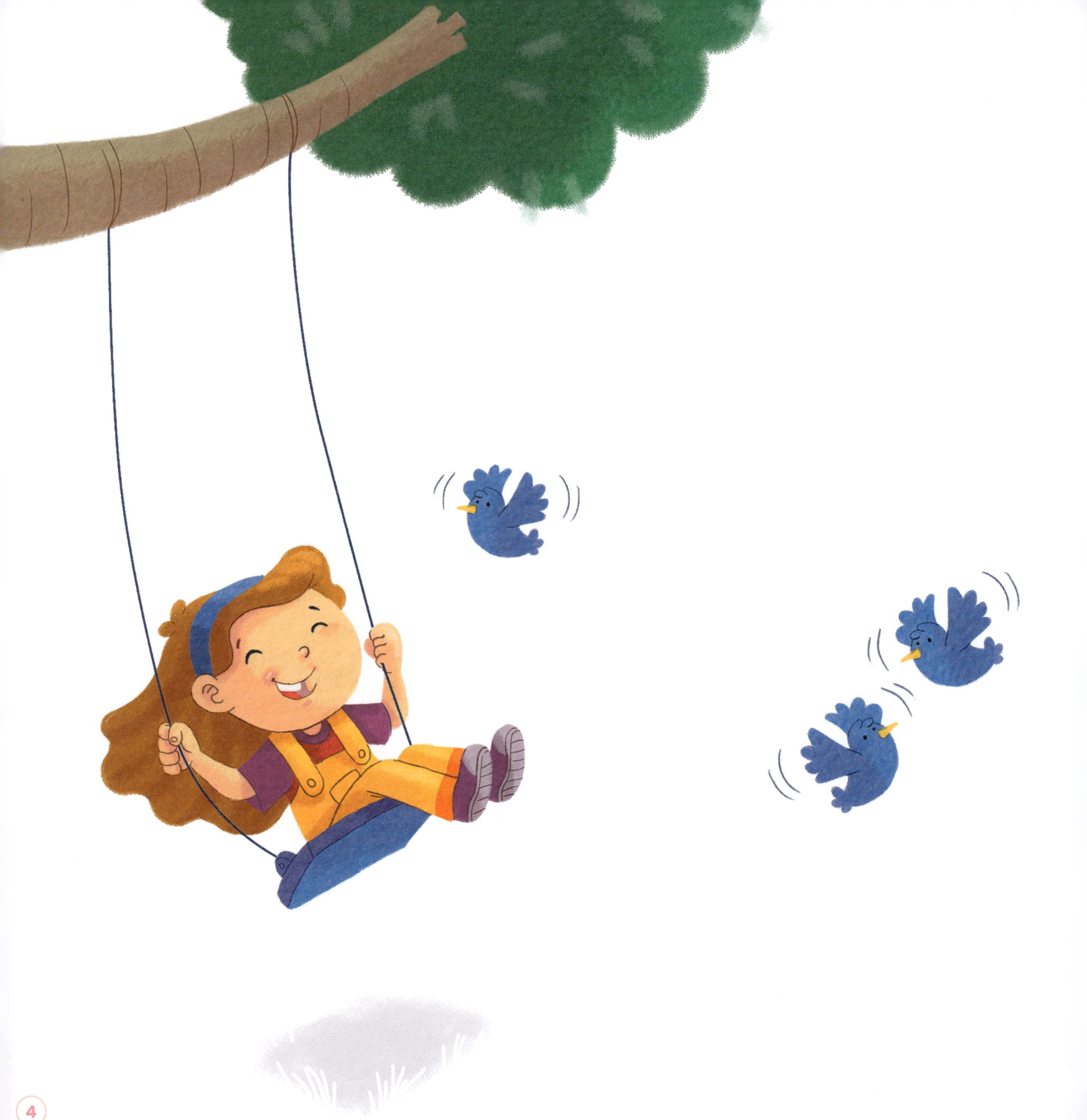

APRESENTAÇÃO

OLÁ, AMIGUINHA!

VOCÊ SABIA QUE ORAR É DIALOGAR COM DEUS?

ORAR É CONVERSAR COM UM PAI AMOROSO, O SEU MELHOR AMIGO. JESUS DISSE QUE A MELHOR MANEIRA DE ORAR É ESTANDO SOZINHA EM SEU QUARTO, SÓ VOCÊ E DEUS. ADQUIRA O HÁBITO DE PASSAR ESSE TEMPO PRECIOSO DE INTIMIDADE COM ELE. EU ORO PARA QUE VOCÊ TENHA ENCONTROS DIÁRIOS COM O SEU CRIADOR.

QUE VOCÊ TENHA PRAZER EM CONHECÊ-LO.

QUE VOCÊ VIVA A LINDA HISTÓRIA DE AMOR QUE DEUS ESCREVEU PARA VOCÊ VIVER. EU ORO EM NOME DE JESUS.

AMÉM.

RAQUEL ALMEIDA

" SEMPRE QUE PENSO EM VOCÊS,
EU AGRADEÇO AO MEU DEUS."

(FILIPENSES 1.3)

FAMÍLIA

VOCÊ SABIA QUE A FAMÍLIA É UMA CRIAÇÃO MUITO IMPORTANTE DE DEUS? NA FAMÍLIA RECEBEMOS AMOR, RESPEITO E TAMBÉM DISCIPLINA. A FAMÍLIA DEVE SER UM LUGAR DE SEGURANÇA E DE CUIDADO. GERALMENTE, A FAMILIA É FORMADA POR: PAPAI, MAMÃE, IRMÃOS, AVÓS, TIOS, PRIMOS... MAS TEM QUEM AME TANTO O SEU PET QUE O CONSIDERA DA FAMÍLIA, E ESTÁ TUDO BEM! QUEM FAZ PARTE DA SUA FAMÍLIA?

VAMOS ORAR?

QUERIDO DEUS! MUITO OBRIGADA PELA MINHA FAMÍLIA! O MEU CORAÇÃO ESTÁ CHEIO DE ALEGRIA E MUITA GRATIDÃO. EU PEÇO AO SENHOR QUE PROVIDENCIE UMA FAMÍLIA PARA TODAS AS CRIANÇAS ÓRFÃS, UM LUGAR SEGURO, DE AMOR E DE CARINHO. EU ORO EM NOME DE JESUS. AMÉM.

"ASSIM DEUS CRIOU OS SERES HUMANOS; ELE OS CRIOU PARECIDOS COM DEUS. ELE OS CRIOU HOMEM E MULHER."

(GÊNESIS 1.27)

IDENTIDADE

OLÁ, PRINCESA!
VOCÊ SABIA QUE O DEUS CRIADOR É UM REI E QUE VOCÊ PERTENCE AO REINO DELE? LOGO, VOCÊ É UMA PRINCESA! UMA PRINCESA É MUITO IMPORTANTE, SUA MISSÃO É GOVERNAR. UMA PRINCESA DE DEUS PODE FAZER MUITAS COISAS BOAS. POR EXEMPLO: VOCÊ PODE CUIDAR DOS SEUS BRINQUEDOS, OBEDECER AO PAPAI E A MAMÃE, AJUDAR SEMPRE QUE PUDER. ENTÃO, SORRIA, VOCÊ É LINDA DO JEITO QUE VOCÊ É!

VAMOS ORAR?

MEU DEUS E MEU PAI! OBRIGADA PELA MINHA VIDA! VOU VIVÊ-LA COM AMOR, CUIDADO E MUITA GRATIDÃO. EU VOU ESTUDAR, OBEDECER AOS MEUS PAIS E PROFESSORES E VOU FAZER TUDO COM MUITA DEDICAÇÃO. EU ORO EM NOME DE JESUS. AMÉM.

"FAÇAM AOS OUTROS O QUE QUEREM QUE ELES FAÇAM A VOCÊS".
(MATEUS 7.12)

GENTILEZA

COMO VOCÊ REAGE QUANDO ALGUÉM TE OFENDE? A PRIMEIRA VONTADE É DE REVIDAR, NÃO É MESMO? MAS SAIBA QUE VOCÊ TEM O PODER DE FICAR CALMA E NÃO BRIGAR. ESSA É A MELHOR ESCOLHA! VOCÊ QUER RECEBER CARINHO? SEJA CARINHOSA. VOCÊ QUER ATENÇÃO? SEJA ATENCIOSA. VOCÊ QUER TER UMA AMIGA LEGAL? ENTÃO, SEJA UMA BOA AMIGA. GENTILEZA, GERA GENTILEZA.

VAMOS ORAR?

QUERIDO DEUS. EU FICO TRISTE QUANDO ALGUÉM ME OFENDE, MAS EU APRENDI COM JESUS QUE REVIDAR NÃO É UMA BOA ESCOLHA. O SENHOR ME AJUDA A PRATICAR A GENTILEZA? EU ORO EM NOME DE JESUS. AMÉM.

"SEJAM BONS E ATENCIOSOS UNS PARA COM OS OUTROS. E PERDOEM UNS AOS OUTROS, ASSIM COMO DEUS, POR MEIO DE CRISTO, PERDOOU VOCÊS."

(EFÉSIOS 4.32.)

PERDÃO

ALGUÉM ESTRAGOU O SEU BRINQUEDO OU FEZ ALGUMA COISA QUE TE DEIXOU TRISTE? ESCOLHA PERDOAR! O PERDÃO É PODEROSO! ELE LIMPA O SEU CORAÇÃO DE TODOS OS SENTIMENTOS RUINS, COMO RAIVA, ÓDIO, MÁGOA E O DESEJO DE VINGANÇA. MENINA INTELIGENTE PERDOA PARA TER BOA SAÚDE, E, ASSIM, VIVER TODAS AS COISAS BOAS QUE A VIDA OFERECE. O RESULTADO DISSO É PAZ, ALEGRIA, E MUITO AMOR!

VAMOS ORAR?

AMADO DEUS! O SENHOR É BOM E PERDOADOR. EU SOU SUA FILHA, POR ISSO, TAMBÉM SOU CAPAZ DE PERDOAR. EM MEU CORAÇÃO SÓ VOU GUARDAR SENTIMENTOS BONS. QUERO SER COMO O SENHOR É. EU ORO EM NOME DE JESUS. AMÉM.

"NINGUÉM TEM MAIS AMOR PELOS SEUS AMIGOS DO QUE AQUELE QUE DÁ A SUA VIDA POR ELES."

(JOÃO 15.13)

AMIZADE

ESCOLHER BONS AMIGOS É COISA SÉRIA! UMA BOA AMIGA TEM DE SER PARECIDA COM JESUS: AMAR A DEUS E AO PRÓXIMO, RESPEITAR PAPAI E MAMÃE, SER EDUCADA E GENTIL. QUEM É A SUA MELHOR AMIGA? FAÇA UMA HOMENAGEM PARA QUE ELA SAIBA O QUANTO ELA É ESPECIAL. NUNCA SE ESQUEÇA: JESUS DEU A SUA VIDA POR AMOR A VOCÊ. ELE É O MELHOR AMIGO QUE SE PODE TER!

VAMOS ORAR?

MEU DEUS, MEU AMIGO! OBRIGADA POR TODOS OS AMIGOS QUE EU TENHO. MAS O PRIMEIRO LUGAR EM MEU CORAÇÃO SEMPRE SERÁ PARA JESUS, ELE É O MEU MELHOR AMIGO! VOU SEGUIR OS ENSINAMENTOS DELE. EU ORO EM NOME DE JESUS. AMÉM.

"EU PEDI A AJUDA DO SENHOR, E ELE ME RESPONDEU; ELE ME LIVROU DE TODOS OS MEUS MEDOS."

(SALMO 34.4)

MEDO

CERTA VEZ, OS AMIGOS DE JESUS SENTIRAM MUITO MEDO. ELES ESTAVAM NO BARCO, DEBAIXO DE UMA GRANDE TEMPESTADE. ELES GRITARAM POR SOCORRO E JESUS ACALMOU AS ÁGUAS. DO QUE VOCÊ TEM MEDO? QUANDO O MEDO VIER, PEÇA SOCORRO, ORE A DEUS E ELE VAI TE PROTEGER. ELE SEMPRE OUVE AS ORAÇÕES. FALE COM SEUS PAIS, NÃO GUARDE SEGREDOS DELES, ELES VÃO TE AJUDAR. SEJA UMA MENINA CORAJOSA! VENÇA O MEDO!

VAMOS ORAR?

PAI, A BÍBLIA DIZ QUE O SENHOR É O DEUS DOS EXÉRCITOS. O SENHOR É FORTE E PODEROSO! EU SEI QUE O MEU SOCORRO VEM DO SENHOR, NÃO PRECISO TER MEDO! EU ORO EM NOME DE JESUS. AMÉM.

"COMO VOCÊ É BELA, MINHA QUERIDA! COMO VOCÊ É LINDA! COMO OS SEUS OLHOS BRILHAM DE AMOR!"

(CÂNTICOS 1.15)

BELEZA

SABIA QUE VOCÊ É UMA OBRA DE ARTE DO DEUS CRIADOR? VOCÊ É LINDA, EXATAMENTE ASSIM, DO JEITO QUE VOCÊ É. VOCÊ É ÚNICA! NÃO EXISTE NINGUÉM IGUAL A VOCÊ. TUDO EM VOCÊ É PERFEITO, A COR DA SUA PELE, DOS SEUS OLHOS E DOS SEUS CABELOS. É BOM VER GENTE BONITA. MAS, A BELEZA MAIS ENCANTADORA É UM CORAÇÃO BONDOSO E HUMILDE, SEM MENTIRA OU TEIMOSIA. CUIDE DA BELEZA DO SEU CORAÇÃO!

VAMOS ORAR?

Ó DEUS, O SENHOR É TÃO LINDO! EU SOU PARECIDA CONTIGO. O SENHOR ME DESENHOU E ME ENCHEU DE BELEZA E GRAÇA. EU QUERO QUE O MEU CORAÇÃO TAMBÉM SEJA LINDO, COMO O SEU CORAÇÃO É. EU ORO EM NOME DE JESUS. AMÉM.

"QUE TODO O MEU SER LOUVE O SENHOR E QUE EU NÃO ESQUEÇA NENHUMA DAS SUAS BÊNÇÃOS!"

(SALMO 103.2)

DANÇAR E CANTAR

TODAS AS PARTES DO MEU CORPO FORAM FEITAS PARA ADORAR AO SENHOR. COM MINHA BOCA VOU CANTAR LOUVORES A DEUS. COM OS MEUS OLHOS VOU CONTEMPLAR TODAS AS MARAVILHAS QUE ELE CRIOU. MEU CORAÇÃO TRANSBORDA DE TANTO AMOR, POR ISSO, ESTOU ALEGRE! COM TODO O MEU CORPO, EU VOU DANÇAR E EXPRESSAR TODA A GRATIDÃO A TI, Ó DEUS!

VAMOS ORAR?

OBRIGADA, MEU DEUS! O SENHOR É BOM E CUIDA DE MIM! OBRIGADA POR TUDO (DIGA A ELE MOTIVOS DE GRATIDÃO). EU ORO EM NOME DE JESUS. AMÉM.

"ASSIM TAMBÉM A LUZ DE VOCÊS DEVE BRILHAR, PARA QUE OS OUTROS VEJAM AS COISAS BOAS QUE VOCÊS FAZEM E LOUVEM O PAI DE VOCÊS, QUE ESTÁ NO CÉU."

(MATEUS 5.16)

COMPARTILHAR

VOCÊ SABE O QUE SIGNIFICA COMPARTILHAR? É DIVIDIR ALGO COM ALGUÉM, É REPARTIR. CERTA VEZ, UMA MULTIDÃO DE PESSOAS PASSOU O DIA INTEIRO OUVINDO JESUS CONTAR HISTÓRIAS DO REINO DE DEUS. ELES ESTAVAM LONGE DE CASA, ESTAVAM COM FOME! COMO JESUS TEM MUITO AMOR PELAS PESSOAS, ELE FEZ UM MILAGRE E AS ALIMENTOU COM PÃES E PEIXES. DEIXE A SUA LUZ BRILHAR FAZENDO COISAS BOAS PARA AS PESSOAS. COMPARTILHE O GRANDE AMOR DE JESUS QUE ESTÁ DENTRO DO SEU CORAÇÃO.

VAMOS ORAR?

MEU DEUS! JESUS É TÃO BOM! EU VOU SEGUIR O SEU EXEMPLO. VOU COMPARTILHAR, SER GENEROSA, SER AMÁVEL COM AS PESSOAS, ASSIM COMO ELE ENSINOU. EU ORO EM NOME DE JESUS. AMÉM.

" POIS AMAR A DEUS É OBEDECER AOS SEUS MANDAMENTOS. E OS SEUS MANDAMENTOS NÃO SÃO DIFÍCEIS DE OBEDECER."

(1 JOÃO. 5.3)

OBEDIÊNCIA

MENINA INTELIGENTE SABE COMO É IMPORTANTE OBEDECER À DEUS E AOS PAIS. ÀS VEZES, AS REGRAS PARECEM RUINS, POR EXEMPLO: HORA DE DORMIR, HORA DE BRINCAR... HORA PARA TUDO! MAS SAIBA QUE AS REGRAS SÃO BOAS! A OBEDIÊNCIA ANDA JUNTO COM O AMOR, ELA TRAZ SEGURANÇA, SAÚDE, PAZ E MUITA ALEGRIA! QUEM É AMIGA DE JESUS É OBEDIENTE, PORQUE TUDO O QUE ELE ENSINA É PARA O SEU BEM! OBEDECER É PROVA DE AMOR! VAMOS OBEDECER?

VAMOS ORAR?

QUERIDO DEUS! SEUS ENSINAMENTOS SÃO BONS, ENTÃO EU VOU OBEDECÊ-LOS, PORQUE EU TE AMO, MEU PAI! EU ORO EM NOME DE JESUS. AMÉM.

"E DEUS VIU QUE TUDO O QUE HAVIA FEITO ERA MUITO BOM..."

(GÊNESIS 1.31A.)

NATUREZA E ANIMAIS

NO PRINCÍPIO, DEUS CRIOU OS CÉUS E A TERRA. ELE CRIOU OS ANIMAIS, GRANDES E PEQUENOS. CRIOU AS AVES E OS PEIXES. O SENHOR CRIOU ÁRVORES QUE DÃO FRUTAS GOSTOSAS. ELE CRIOU A RELVA, AS FLORES E AS BORBOLETAS COLORIDAS. MAS A MAIOR E A MELHOR DE TODA CRIAÇÃO DE DEUS FOI O HOMEM E A MULHER, PORQUE SÃO PARECIDOS COM ELE; ISSO O DEIXOU MUITO FELIZ! FOI DEUS QUEM CRIOU VOCÊ! ISSO NÃO É FANTÁSTICO?

VAMOS ORAR?

DEUS, EU ORO PARA QUE AS CRIANÇAS TENHAM UM ENCONTRO COM O SENHOR. QUE ELAS SAIBAM QUE FOI O SENHOR QUEM CRIOU TODAS AS COISAS. SENHOR, QUE EU POSSA COOPERAR NA CONSERVAÇÃO DA NATUREZA COM AMOR E ALEGRIA! AMÉM.

"ENTREGUEM TODAS AS SUAS PREOCUPAÇÕES A DEUS, POIS ELE CUIDA DE VOCÊS."

(1 PEDRO 5.7)

PREOCUPAÇÃO

ÀS VEZES, FICAR SOZINHA TRAZ MUITO MEDO. IMAGINAR QUE O PAPAI E A MAMÃE NÃO VÃO TE BUSCAR NA ESCOLA É APAVORANTE, NÃO É? CALMA! NÃO PRECISA FICAR PREOCUPADA. VOCÊ É MUITO AMADA, É FORTE E CORAJOSA. O QUE ESTÁ TE PREOCUPANDO? CONTE TUDO PARA DEUS EM ORAÇÃO E MANDE A ANSIEDADE EMBORA. O SENHOR SEMPRE VAI CUIDAR DE VOCÊ. CONVERSE COM SEUS PAIS, FALE PARA ELES QUAIS SÃO OS SENTIMENTOS QUE ESTÃO EM SEU CORAÇÃO. TENHA FÉ. CORAGEM!

VAMOS ORAR?

SENHOR, MEU DEUS E MEU PAI! EU SEI QUE O SENHOR CUIDA DE MIM. SE EU SENTIR MEDO, FICAR PREOCUPADA OU ANSIOSA, VOU ME LEMBRAR QUE O SENHOR SEMPRE ME GUARDA E QUE EXISTE UMA FAMÍLIA QUE ME AMA E ME PROTEGE. VOU ORAR E CONFIAR EM TI. AMÉM.

"VENHAM A MIM, TODOS VOCÊS QUE ESTÃO CANSADOS DE CARREGAR AS SUAS PESADAS CARGAS, E EU LHES DAREI DESCANSO."

(MATEUS 11.28.)

HORA DO DESCANSO

TEM DIA QUE A GENTE ESTÁ CANSADA, NÃO DÁ NEM VONTADE DE IR PARA A ESCOLA... ÀS VEZES, A MAMÃE PEDE PARA ARRUMAR O QUARTO, GUARDAR OS BRINQUEDOS, MAS DÁ UMA PREGUICINHA! NESSA HORA, LEMBRE-SE DE JESUS! ELE DISSE QUE QUANDO VOCÊ ESTIVER CANSADA, ELE VAI TE AJUDAR! JESUS É UM GRANDE AMIGO, ELE ESTÁ BEM PERTINHO O TEMPO TODO! ENTÃO, SEMPRE QUE PRECISAR, CHAME POR ELE!

VAMOS ORAR?

PAI AMADO, ÀS VEZES EU FICO CANSADA COM MINHAS TAREFAS DIÁRIAS. MAS, EU NÃO QUERO SER PREGUIÇOSA, PERDOE-ME! POR ISSO, QUANDO ME SENTIR CANSADA, VOU PEDIR A SUA AJUDA. EU ORO EM NOME DE JESUS. AMÉM.

LABIRINTO

JESUS AFIRMOU SER O "PÃO DA VIDA", QUE VEIO PARA DAR VIDA AOS HOMENS. ISSO SIGNIFICA QUE ELE É PARA A ALMA O QUE O PÃO É PARA O CORPO: SEU ALIMENTO.

SIGA O CAMINHO ATÉ JESUS.

EU SOU O PÃO DA VIDA.
(JOÃO 6:48)

ENCONTRE OS 3 ERROS

O AMBIENTE MAIS IMPORTANTE PARA PRATICAR O RESPEITO PELAS DIFERENÇAS É O LAR E OS RELACIONAMENTOS FAMILIARES. DIFERENÇAS SÃO INEVITÁVEIS!

RESPOSTAS: COPO • JARRA • GARFO

DIAGRAMA

COMPLETE OS QUADROS ABAIXO COM AS PALAVRAS EM DESTAQUE.

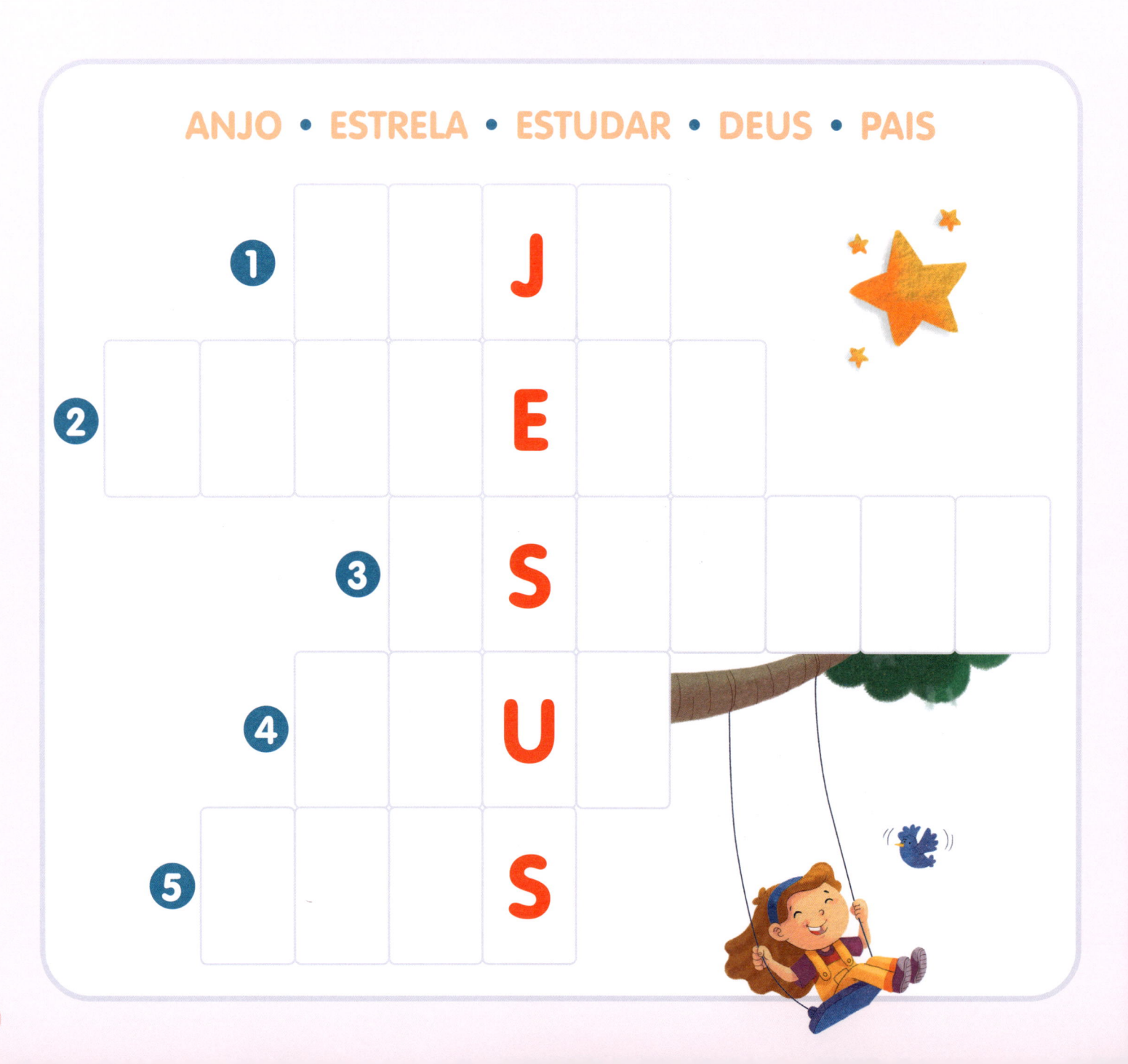

ANJO • ESTRELA • ESTUDAR • DEUS • PAIS

1. _ _ J _
2. _ _ _ E _
3. _ _ S _ _ _
4. _ _ U _
5. _ _ _ S

VAMOS COLORIR

DEUS CRIOU TUDO BELO E COLORIDO!
PINTE O DESENHO ABAIXO COM SUAS CORES PREFERIDAS.

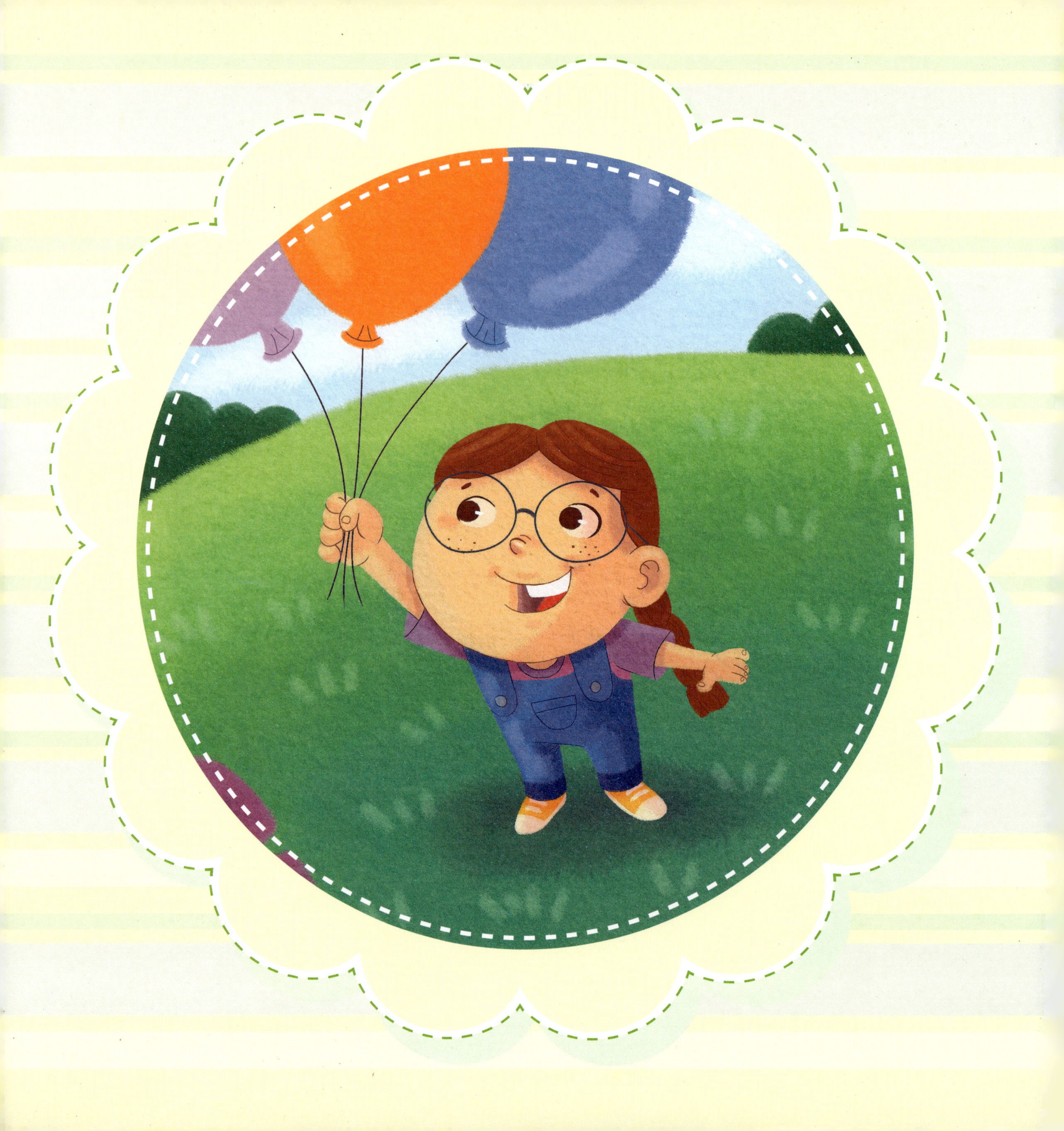